EXPOSITION UNIVERSELLE ET INTERNATIONALE

DE

LYON 1872

CATALOGUE OFFICIEL

GROUPE VI

Alimentation

CLASSES 54 A 59

Paris

A.-E. ROCHETTE, Imprimeur-Éditeur-Concessionnaire
90, Boulevard Montparnasse, 90

JANVIER ET Cie, Régisseurs de la Publicité
17, rue du Bouloi, 17

Londres

J.-M. JOHNSON and Sons, 3, Castle street, Holborn

Concessionnaires pour la Grande-Bretagn

PRIX : **60** CENTIMES

V

[illegible]

[illegible]

[illegible]

[illegible]

[illegible]

[illegible]

EXPOSITION UNIVERSELLE ET INTERNATIONALE

DE

LYON 1872

CATALOGUE OFFICIEL

GROUPE VI

Alimentation

CLASSES 54 A 59

Paris

A.-E. ROCHETTE, Imprimeur-Éditeur-Concessionnaire
90, Boulevard Montparnasse, 90

JANVIER ET Cie, Régisseurs de la Publicité
17, rue du Bouloi, 17

Londres

J.-M. JOHNSON and Sons, 3, Castle street, Holborn
Concessionnaires pour la Grande-Bretagne

GROUPE VI

Classes 54 à 59

GROUPE VI

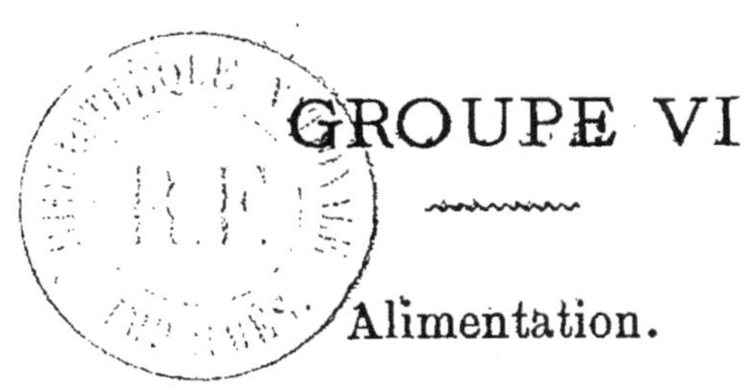

Alimentation.

CLASSE 54

ABAUZIT et VINCENT, Uzès (Gard). — Amidons, farines et minots.

AMBROZIANI, J.-F., Oulx, près Turin (Italie). — Pâtes d'Italie.

AUBERT, François, rue d'Italie, Aix (Bouches-du-Rhône). — Céréales, farine, gerbe de blé.

BARLERIN, R., pharmacien chimiste, Tarare (Rhône). — Café hygiénique de santé, farine mexicaine.

BARBOT, Ernest, 15, rue du Paty, la Rochelle. — Pâtisserie.

NOUVELLE FABRIQUE

DE BISCUITS DE REIMS

Marque déposée

BISCUITS EXTRA-FINS

BARBOT à LA ROCHELLE

BASSOT, Nestor, malteur à Dijon. — Orge à malter et malt.

BERTÈCHE, Prosper, Usine de La Suze (Sarthe). — Fécules e pommes de terre et amidon.

BENOIT, Louis-Victor, meunier, Vasset (Seine-et-Marne). — Farines de gruaux, semoules.

BEUKELAER, E. (de), rue Saint-Jacques, à Anvers. — Biscuits divers.

BLOCH, N. et J., Comblaine, près Nancy. — Fécule, amidon, glucose, tapioca, etc.

BLOCH, N.-C. et ses Fils, à Düttlenheim, près Strasbourg. — Pâtes, fécules, amidon, etc.

BOUDIER, F., 38, rue de la Butte-Chaumont, Paris, — Pâtes alimentaires.

BOURBON, E., minotier, Milianah (Algérie). — Semoules et farines, etc.

BRUNET, Joseph, 16, rue des Convalescents, Marseille. — Semoules et blés.

CAVAGÉ, H. et Comp., Grépiac, (Haute-Garonne). — Farines de maïs, semoules.

LA CHAMBRE DE COMMERCE de Constantine. — Echantillons de céréales, farines, semoules, légumes secs, vins, huiles, bois de toutes essences, etc.

CRUCER, Louis-Désiré, pâtissier, place Bisson, 3, Lorient. — Gâteaux bretons.

CUYPERS-DAGHELET, 12, rue des Pierres, Bruges (Belgique.) — Biscuits à la vanille.

CZANYI, MUMALON, TARSULAT, Haschau (Hongrie). — Farines.

DASNIÈRES, Adolphe, rue de Tanger, Alger. — Semoules.

DENET, E., 64, rue des Feuillantines, Paris. — Moules à pâtes alimentaires.

DESNOIX et Comp., 22, rue du Temple, Paris. — Produits alimentaires.

Produits admis et couronnés aux Expositions universelles de Paris 1867, le Havre 1868, La Haye, Amsterdam 1869, Fabrique à Courbevoie

Bouillon complet à la minute. Le seul qui contient réellement tous les éléments pu bouillon des ménages, viande, graisse, légumes, gelée et sel.	Chaque boule, dissoute dans quantité convenable d'eau bouillante, donne à l'instant UN BOL D'EXCELLENT BOUILLON.

DUMAS, DASTROS et Comp., Lectoure (Gers). — Graines de grande culture.

DUMOUTIER, Charles, agriculteur à Claville (Eure). — Produits agricoles.

DUTAUT et Fils, pharmaciens, 18, rue Esprit-des-Lois, Bordeaux. — Conserves DUTAUT, fécules alimentaires.

FLAMANVILLE, Octave, Saint-Vaubourg (Ardennes). — Orges et avoines.

FLOIRE, Valentin, minotier, Chantonnay (Vendée). — Farines, froment, fèves, maïs, millet.

Farine de Fèves

La **Minoterie** du **Pont-Charron**, construite en 1869 et 1870, fut mise en marche le 16 juillet 1870.

La belle qualité des produits qui en sortirent immédiatement lui valurent en peu de temps une bonne réputation.

Placée dans un centre très-productif, de froment et de fèves, les moulins du **Pont-Charron** peuvent être approvisionnés avec peu de frais ; aussi, le prix de revient des produits est beaucoup inférieur à toutes les maisons qui font des Farines de fèves.

La faveur accordée à ses produits, dès le début, par la meunerie qui emploie ses Farines de fèves, est un encouragement pour son propriétaire, qui ne néglige aucun détail pour assurer à ses nombreux clients la supériorité de ses produits, et la modicité des prix.

L'Usine du **Pont-Charron** est montée de cinq paires de meules, on peut facilement en ajouter quatre paires de plus, elle possède un moteur hydraulique et un moteur à vapeur ; elle produit **100** quintaux par 24 heures, avec le concours de 4 hommes et 3 femmes pour toutes les mains-d'œuvre.

Les livraisons des Farines de fèves sont faites en gare à Chantonnay, et vendues **40** francs les 100 kilogs, rendus *franco* en toutes gares de France.

L'Usine du **Pont-Charron** étant toute nouvellement montée, ses produits n'ont pu encore être exposés.

FREY-WITZ, Louis, négociant-meunier, Mulhouse. — Produits de son moulin.

GIUSEPPE, B., Pello (Italie). — Petits pains de Milan.

GROULT, Camille, 12, rue Sainte-Appoline, Paris. — Substances alimentaires.

GUILBERT, Jules, malteur et brasseur, Saint-Omer (Pas-de-Calais). — Malt.

JEANNOT, Philippe, Fils aîné, négociant, Saint-Jean-de-Losne (Côte-d'Or). — Farines de maïs et graines.

JOUVE, J.-B., Marseille. — Riz glacé et farine de riz.

LAPORTE, F., Neveu, à Toulouse. — Pâtes diverses et chocolat au gluten, gluten panifié en poudre, amidon.

LASZLO, Nagy-Varad, Gross-Wardein (Hongrie). — Farines.

LAVIE et Comp., négociants, Constantine (Algérie). — Echantillon de blé, semoules diverses et farines de blé dur.

LE BAILLY, le Vicomte Arthur-Jean, château de Roumont, près Libramont (Belgique). — Avoine, froment, etc.

LOUVEL, P.-J.-B., 40, rue Quincampoix, Paris. — Biscuits façon de Kheims, petits fours, pains d'épices, etc.

Fabrique de Biscuits, façon de Reims et Chablis ; Petits-Fours assortis ; Macarons ; Biscottes ; Croquignolles ; Biscuits à la cuillère ; Pains d'épices. Médailles de Paris, 1839, 1855, 1867, Havre, 1868, Beauvais, 1869.

MALGLAIRE (de), propriétaire, Marengo (Alger). — Céréales et palmiers pains.

MARCON, 36, rue des Filatiers, Toulouse. — Pâtes alimentaires au gluten, pâtes d'Italie, amidon.

MARANDET, Père et Fils, à Dijon. — Echantillons de malt.

MARIA et Comp., 10, rue Taranne, Paris. — Pâtes alimentaires.

VEUVE MAGNIN ET FILS
Pâtes françaises alimentaires
à Clermont-Ferrand (Puy-de-Dôme)

17 MÉDAILLES

EXPOSITION UNIVERSELLE DE 1,867
MÉDAILLE D'OR

Renseignements du groupe VI, Classe 54

MAGNIN (Jean-Vincent) *à Clermont* (Puy-de-Dôme).

Pâtes françaises alimentaires. — Médaille de bronze à l'Exposition de 1834. — Médailles d'argent en 1839, 1844 et 1849. — *Prize medal* et Mention honorable à l'Exposition universelle de Londres en 1851. — Médailles de 2me et de 1re classe, et Médaille d'honneur à l'Exposition universelle de Paris, 1855. Croix de la Légion d'Honneur. — Exposition internationale du Havre, 1868. Diplôme d'honneur. — Académie nationale, 1866. Diplôme d'honneur. — Exposition internationale d'Amsterdam, 1re médaille d'or.

La maison Magnin a régénéré, et, pour ainsi dire, créé en France la fabrication des pâtes alimentaires, c'est à elle qu'on doit le développement si considérable et le degré de perfection qu'a atteint cette importante industrie.

M. Magnin, père, fonda à Clermont-Ferrand, vers 1830, sa première fabrique de pâtes. Il existait alors, en France, à peine une dizaine de fabricants, dont l'infériorité et l'insuffisance des produits ne pouvaient lutter contre l'importation italienne.

L'habile industriel avait compris tout ce qu'il était possible d'obtenir des blés rouges glacés d'Auvergne, au point de vue de la richesse et de l'alimentation publiques ; il avait étudié la composition des grains, et découvert dans le blé rouge glacé d'Auvergne, jusqu'alors désapprécié, des qualités qui le rendent plus propre à la confection des pâtes que celui de n'importe quel autre pays, puisqu'il ne renferme qu'environ 30 p. 0/0 d'amidon ; le reste se trouve composé de gluten, de substances azotées, mucilagineuses, albumineuses et de gommes sucrées, qui donnent aux pâtes une consistance et un arôme particulier aux produits du sol, que n'ont jamais pu atteindre les plus belles productions de l'Allemagne et de l'Italie, et qui font employer les semoules d'Auvergne par les fabricants de France de l'étranger, et notamment par les plus renommés de Paris et de Lyon.

L'observation lui indiqua bientôt l'influence que les phénomènes physiques, la chaleur, l'électricité exercent sur la fabrication des pâtes. Il fut en outre étudier les meilleurs procédés employés à l'étranger, les compara entre eux, améliora les siens et parvint ainsi à obtenir des produits bien supérieurs à ceux d'importation étrangère, qu'ils remplacèrent non-seulement en France, mais auxquels ils furent préférés sur tous les marchés du monde.

Sous la vigoureuse impulsion donnée par un tel exemple, l'industrie des pâtes alimentaires fit des progrès rapides. On compte maintenant, autour de Clermont-Ferrand, 100 fabricants qui mettent en œuvre plus de 800,000 hectolitres de froment de Limagne.

M. Magnin mourut en 1863, au milieu de cette prospérité que le témoignage de tous reconnaissait être son ouvrage, après avoir obtenu toutes les distinctions honorifiques que puisse ambitionner un industriel. Sa veuve, qui avait toujours été de moitié dans sa vie industrielle, son fils, qui lui donnait depuis douze ans son concours actif, intelligent et dévoué, unissant leurs efforts, ont su maintenir leur maison et leurs produits au premier rang, où les avaient placés l'intelligence, le courage et les sacrifices du digne et vénéré chef de leur famille.

Par sollicitude pour les classes ouvrières, M. Magnin père vendait toujours au détail une partie de ses produits bien au-dessous des cours. Sa femme et son fils suivent respectueusement cet exemple, et, malgré la hausse des blés ils n'ont point augmenté ce genre de produits.

Jolies boîtes de Pâtes françaises alimentaires bien assorties, 10, 15 et 20 francs.

MAUPRIVEZ, A., 52, rue Sainte-Croix Bretonnerie, Paris. — Tapioca naturel.

MAZAUREIX, Julien, minotier au Moutier d'Ahun, canton d'Ahun, arrondissement de Guéret (Creuse). — Graines, froment, seigle et farines.

MISTRAL, Frères, Saint-Remy-de-Provence. — Farines.

MOREL, Fils, fabricant de pâtes alimentaires, Epinal. — Pâtes alimentaires.

NAVOISEAU, propriétaire à Noirétable (Loire). — Froment et seigle de plusieurs variétés.

OLIBET, jeune, fabricant de biscuits, 51, rue du Pas-Saint-Georges, Bordeaux. — Biscuiterie de luxe pour thés et vins fins.

PALUMBO, Mathéo et Frères, — Pâtes alimentaires (Produit de la province de Salerne).

PÉCHOUX, 21, place des Maisons-Neuves, à Villeurbanne, Lyon. — Pâtisserie.

POLS, John-Anthony, Sarah, place, Pomeroy Street, New Cross Street, Londres. — Graines de coton d'Egypte, huiles de coton, colza, noix.

POUMIER, Alexis, féculier à Mozac-les-Riom (Puy-de-Dôme). — Caisse de fécules et grains.

POTIN, Félix, 103, boulevard Sébastopol, Paris. — Tapioca.

PRÉVOSTI, François, Bastia. — Vermicelles, macaronis et petites pâtes coupées.

RANIXE Fils, Chamalière, près Clermont-Ferrand (Puy-de-Dôme). — Pâtes alimentaires.

La maison RANIXE, qui date de plus de quarante ans, a été créée par M. Ranixe père, d'origine italienne, qui, en venant fonder un grand établissement en France, s'est attaché d'une manière toute spéciale à la fabrication de la Semoule, du Vermicel et du Macaroni.

Aussi, les moyens de fabrication qui lui étaient particuliers, valurent-ils bien vite à sa maison une vogue qui s'est toujours maintenue, et ses produits furent-ils recherchés entre tous, sur tous les grands marchés de France et de l'Étranger.

Son fils, le continuateur de la maison de son père, a apporté à cette industrie de nouveaux éléments de perfectionnement, afin d'en vulgariser l'emploi.

Malgré la crise commerciale que traverse notre pays, il n'a jamais arrêté son usine, il a toujours gardé le même nombre d'ouvriers.

M. Ranixe fils, lors de l'Exposition universelle de Londres, a obtenu la juste récompense de ses constants efforts, et une médaille lui fut décernée par le Jury de sa classe, une à Londres et une à Clermont-Ferrand en 1863.

RAYNBIRD, CALDECOTT, BAWTRÉE, DOWLING et Comp. (limited), grainetiers, Basingstoke (Angleterre). 26, Sed Mark-Lane, Londres. — Collection de céréales cultivées en Angleterre.

REGNIER, Georges, confiseur, Avallon (Yonne). — Biscuits et truffes conservées.

ROLAND, Alexis, 10, rue Guillaume, Dijon. — Nonettes et pain d'épices.

ROPTON, Louis-Eugène, fabricant de pains d'épice, Chartres (Eure-et-Loire). — Pain d'épice et biscuit.

ROUSSET, Adolphe-Antoine, négociant, Valréas (Vaucluse). — Pain conservé comprimé.

ROUSSET, E., 77, rue de Lyon, Lyon. — Produits alimentaires.

ROUVIER, 14, rue Dauphine, Marseille. — Biscuits secs.

SAVARD, Léonard, 33, rue Bourgeon, Paris. — Chapelure de pain, etc.

SOCIÉTÉ DES FABRICANTS DE PATES DE LYON. — Pâtes alimentaires, semoules et blés.

SPONT, rue Pavée-au-Marais, Paris. — Pâtes alimentaires.

TAUPENOT Fils, Châlons-sur-Saône. — Échantillons de fécules.

TRÉBUCIEN Frères, 25, cours Vincennes, Paris. — Tapiocas.

TAPIOCA DES GOURMETS, TRÉBUCIEN FRÈRES

Cours de Vincennes, 25, Paris

Médaille d'honneur, Londres, 1862. — Deux médailles d'honneur, Paris, 1867
(Voir page 40)

KŒCHLIN, E. et J., Mulhouse. — Farines en sacs.

TAPIOCA-BOUILLON

Dispense du bœuf bouilli. Il suffit de faire cuire ce produit pendant six minutes dans de l'eau pure, pour faire un excellent potage gras. Ce produit à l'état sec est facile à transporter dans la poche. Il offre une utile ressource aux mères de famille, qui peuvent préparer en quelques instants un potage pour les enfants et les convalescents. Il est indispensable aux voyageurs, marins, touristes, etc. Chez BOUDIER, 38, rue de la Butte-Chaumont, Paris, et chez tous les marchands épiciers.

CLASSE 55

ALBERTIN, Albert, propriétaire, quai de Créqui, Grenoble (Isère). — Echantillons beurre et fromage des montagnes.

ALLO, Jean, Nice (Alpes-Maritimes). — Huiles d'olives surfines pour table.

ALRIC, Henri Fils, Lavacquerie (Hérault). — Fromages de Roquefort.

ANGLO-SWISS CONDENSED MILK Comp., Cham (Suisse). — Lait conservé : Dépôt général, 30, rue des Petites-Ecuries, Paris.

ARDISSON F., Saint-Claman (Bouches-du-Rhône). — Huile d'olives.

BAILLEUX, Adrien, fabricant de fromages, la Maison-du-Val, près Revigny (Meuse). — Spécialité de fromage imitation Brie.

BERIO, Philippe et Comp., Rucques (Toscane). — Flacons d'huile d'olive.

BUYER, Louis, Saint-Pierre-de-Foursac (Creuse). — Lait en poudre, chocolat, poudre de lait.

CALVE, E. et Comp., Bordeaux. — Graines d'arachides, huiles d'arachides, comestibles.

CALVE Frères, Bordeaux. — Gommes Sénégal en sortes et gommes tries.

CAVAGE, Honoré et Comp., Grépiar (Haute-Garonne). — Huile de maïs et tourteaux de maïs.

CHEVALLIER Fils, Cette (Hérault). — Flacons d'huile.

SOCIETE DES CAVES REUNIES DE ROQUEFORT

Aveyron

Maison fondée par les Propriétaires des meilleures caves pour la préparation des excellents fromages de Roquefort, à laquelle de récentes adhésions et l'achat des meilleures provenances ont donné une importance exceptionnelle.

CRÉDIT AGRICOLE ET FABRICATION DE 2,000,000 KILOG. DE FROMAGES
DONT LA RENOMMÉE EST UNIVERSELLE

Vue de Roquefort

RÉCOMPENSES OBTENUES :

Concours régional de Rodez, 1854. Méd. d'Argent.

Exp. Universelle de Paris, 1855, Méd. de 1re classe.

Exp. Agricole de Paris, 1856, Méd. d'Or.

Concours International de Paris 1865, grande Méd. d'Or et Méd. d'Honneur.

Concours international de Paris, 1866, Méd. d'Or.

RÉCOMPENSES OBTENUES :

Concours Régional d'Albi, 1866, Diplôme d'honneur.

Exp. Universelle de Paris 1867, 1er Prix des Fromages français et Etrangers. 2 Médailles d'Or.

Concours Régional de Rodez, 1868. Dipl. d'honneur.

Concours régional du Havre, 1868, Rappel de Médailles d'Or.

Concours international de Paris, 1870, Rappel de Méd. d'Or.

AGENCE DANS LES PRINCIPALES VILLES DE FRANCE

Paris, Lyon, Bordeaux, Marseille, Naples, le Havre

A Lyon, chez M. **L. RUET**, rue Garibaldi, 59, près le Parc chargé également des voyages dans la plus grande partie de la France désigné pour recevoir les demandes et donner les renseignements désirables de midi à 2 heures

Exportation sur une grande échelle. Agence sur toutes les principales place étrangères : Londres, Copenhague, Hambourg, Mannheim, Berlin, Vienne, Saints Pétersbourg, Moscou, Constantinople, Bruxelles, Genève, Madrid, Barcelone Milan, Naples, Rome, Alexandrie, Alger, New-York, Buénos-Ayres, Pékin, etc.

La Société des Caves réunies, désirant contribuer, dans la mesure de ses moyens, à l'Exposition Universelle de Lyon, entreprise précisément au moment où l'industrie et le commerce doivent être la principale source de notre libération d'abord et ensuite de notre future prospérité, en faisant tenir à la France le premier rang, s'est décidée de grand cœur à exposer encore ses bons produits aux yeux et au palais des gourmets du monde entier qui sauront bien, comme à l'Exposition universelle de Paris, en 1867, reconnaître leur supériorité de goût et de qualité sur tous les autres fromages.

CURIC, Paul et Comp., 6, rue Boudet, Bordeaux. — Huiles et essences de résine.

D ESBIEF, H., DOUBLE et Comp., 25, rue de la République, Marseille. — Huiles de graines.

DIVE, Hippolyte, pharmacien-chimiste, Mont-de-Marsan (Landes). — Huiles, essences, résines et graisses.

DOR Fils, Lafare, près Aix (Bouches-du-Rhône). — Huiles et amandes sèches.

ESPINE (marquis de l'), Avignon. — Huile d'olives de Provence.

FRESSINGE, Fils, Montignac (Dordogne). — Huile de noix.

GÉRARDIN, J., 85, rue des Eglises, Nancy. — Produits chimiques et corps gras pour machines.

GEYMET, Fils, Maussane (Bouches-du-Rhône). — Huiles d'olíve.

GOURD, rentier, 10, quai de Retz, Lyon. — Huile.

ITIER, M., 2, rue Sainte-Monique, Lyon. — Fromages.

JOURDAN, 4, rue Villevo, Paris. — Huiles.

JOFFROY, Alexis, 30, rue des Petites-Ecuries, Paris. — Lait condensé de la Compagnie Anglo-Suisse.

KEPPEL, W., Shemptenden (Bavière). — Lait condensé.

KEPPEL, Vevey (Suisse). — Lait condensé en boîtes en fer blanc.

LAPORTE, 41, rue des Amidonniers, Toulouse. — Biscottes, pain au gluten, chocolat au gluten.

LEYGONIE et ses Fils, Meyssac (Corrèze). — Noix, huiles et tourteaux de noix.

LEYGONIE, A. Fils, Argentat (Corrèze). — Huiles de noix vierges.

LUMLEY (de), château de Bourecueil, près Lambesc, (Bouches-du-Rhône). — Bouteilles d'huile.

MAGUAT, propriétaire, Loriol (Drôme). — Produits alimentaires.

MARIA, Dominique, 16, rue Petit-Saint-Jean, Marseille. — Huiles d'olives de toutes qualités.

MARIN, Paul, Salerne (Var). — Huile d'olives.

MASSOT, négociant, Tlemcem (Algérie). — Carafe d'huile et botte d'alfa ou spart.

MAYRANGUE Frères et Comp., Nice (Alpes Maritimes). — Huiles d'olives.

MOURA et THORIN, Bulle, district de la Gruyère, canton de Fribourg (Suisse). — Fromages de Gruyère.

NAVOISEAU, Pierre, Noirétable (Loire). — Beurre, fromage et œufs.

OUDET, François et BLONDEAU Frères, Chaux-Neuve (Doubs). — Fromage façon Septmoncel, Vacherin, etc.

PERRIN, Joseph, Sorgues (Vaucluse). — Huile d'olive à bouche et pour graissage.

POLS, John-Anthony, raffineur, 6, Sarahplace, Pomeroy Street, London. — Graines de coton d'Egypte, huiles de graines de coton de colza, de noix, etc.

REGNIER, Georges, Availlon (Yonne). — Biscuits, Conserves alimentaires et presure pour le lait.

RIPERT et LOMBARD, 6, rue Bourbon, Lyon. — Huiles d'olive d'amande.

ROCHE et Fils, Belves (Dordogne). — Huiles de noix.

RONDELEUX, Paul et Comp., Buxières-la-Grue (Allier) ; 35, boulevard de Strasbourg, Paris. — Huile de schiste et dérivés, houille, graisses et huiles à graisser.

ROUSSEAU, ROGIER et RENAULT, Orléans (Loiret). — Presure liquide pour la confection du fromage.

SACLIER, Pasquier, la Gagneraie-Monts (Indre-et-Loire). — Fromages.

SAFRANÉ, propriétaire, Tlemcem (Algérie). — Huiles d'olives.

SCHUPBACH, LEUZ et BIGLER, Biglen, près Berne (Suisse). — Fromages d'Emmenthal.

STABLE, André et Comp., Nice. — Huile d'olives vierge de Nice.

TREISSIE-SOLIER, Roquefort (Aveyron). — Fromages de ses caves de Roquefort.

THURN, Françoise, Howalov-post, Sznitz (Hongrie). — Lait condensé.

VIARD, 48, rue Malesherbes, Paris. — Conserves alimentaires.

CLASSE 56

AUMONT, François, place Saint-Paul, Granville. — Conserves alimentaires, huitres et poissons.

BACONNIER, 26, rue Grolée, Lyon. — Charcuterie.

BAREIS Frères, Colmar. — Charcuterie.

Fabrique de Charcuterie et Pâtés en conserves de BAREIS frères.	Spécialité d'articles de **Foies gras,** usine à vapeur à Colmar (*Alsace*).

BEAUDET, Saint-Laurent-les-Mâcon (Ain). — Saucissons de diverses qualités.

BISCHOFF, Emile, 8, petite rue de Wickramm, Colmar. — Pâtés de fois gras aux truffes du Périgord.

BLANCHER, Gabriel, rue Turgot-neuve-de-Paris, Limoges. — Conserves alimentaires.

BLOT, 10, rue des Fleurs (Mulhouse). — Terrines et conserves de foie gras.

BONNARD, Barthélemy, 36, rue Grenette. — Charcuterie.

BRISSE, Léon (Baron), Fontenay-aux-Roses (Seine). — Tablettes alimentaires dites *Tablettes du Baron Brisse.*

CHATAL aîné et TARDY, 3, place Bellecour, Lyon. — Charcuterie et comestibles.

CHEVALIER, Charles, 22, rue de l'Oasis, Puteaux (Seine). — Conserves alimentaires.

CHOSSON aîné, 11, place du Pont, Lyon. — Charcuterie.

DAROQUE, Riberac, (Dordogne). — Pâtés et terrines de foies gras aux truffes du Périgord.

DEMEURAT ✳, Louis, Tournan (Seine-et-Marne). — Saucissons français, potages gras aux légumes.

DOYEN, Eugène, 13, rue du Dôme, Strasbourg. — Conserves et pâtés de foie gras.

DRONNE, L.-F., 2, rue Neuve-des-Petits-Champs, Paris. — Conserves alimentaires, pâtés et charcuterie.

DUPONT (Mme), 6, rue Neuve, Bourg. — Volailles de Bresse.

DUPRAT, CLÉMENT et MAUREL, rue des Trois-Chandeliers, 2, 4, 6, 8, 10, Bordeaux. — Conserves alimentaires.

DUTAUD, P. et Fils, 18, rue Esprit-des-Lois, Bordeaux. — Conserves-Dutaut, breveté s. g. d. g. (fécules pour les nouveau-nés).

FACCONI, Paolo, Bologne (Italie). — Charcuterie.

FOOD (The), 99, Houndsditch, London. — 12, Prince Régent Street-Aberdeen.

FRICK (Veuve), 16, rue des Orfèvres, Strasbourg. — Charcuterie fraîche et en conserves. Choucroûte fraîche et conservée.

GUICHOU, J.-B. pharmacien, 31, rue de l'Hôtel-de-Ville, Lyon. — Musculine Guichou, tablettes de viande crue.

GIRIN, 56, rue de l'Hôtel-de-Ville, Lyon. — Conserves alimentaires.

GREPPO, Joseph. 26, rue Saint-Pierre, Lyon. — Charcuterie.

Charcuterie fine, gros et détail. Jambons fumés, Saucissons de Lyon, Mortadelles et Cervelas truffés. 26 Prix dans divers concours.

HAYE-LEPOUZÉ, Fortez, par Bohains (Aisne). — Betteraves pour la sucrerie.

HENRY, Albert, 1, Grande rue de l'Eglise, Strasbourg. — Patés de foie gras.

SEUL
VÉRITABLE EXTRAIT DE VIANDE LIEBIG

DE LA

COMPAGNIE LIEBIG

" Liebig's Extract of Meat Company de Londres,"

Usine à Fray-Bentos

Uruguay (Amérique du Sud,)

DÉPOT CENTRAL pour la France : 30, rue des Petites-Ecuries, à Paris

DÉPOT GÉNÉRAL — ANVERS, BELGIQUE

Médaille d'or, (groupe 7 classe 70) Exposition Universelle de Paris 1867
»   »   (groupe 10 classe 91)   »   »   »   1867
».   ».   (section 2 classe 7) Exposition Maritime du Havre 1868.

GRAND DIPLOME D'HONNEUR

EXPOSITION INTERNATIONALE D'ÉCONOMIE DOMESTIQUE D'AMSTERDAM 1869.

Tout le monde, en présence de la cherté croissante de la viande, a compris que la vulgarisation de l'**Extrait** était bien réellement une véritable question d'intérêt public.
J. A. BARRAL, *(Journal de l'Agriculture.)*

Depuis cette époque, la vente de ce produit, destiné à rendre des services véritablement précieux, a atteint en France un développement considérable
PAYEN,
(Revue des Deux-Mondes, 15 décembre 1867.)

La substance alimentaire qui a été sans contredit la plus remarquée à l'Exposition est connue sous le nom d'**Extrait de viande de Liebig.**

(Rapport de la Commission déléguée à l'Exposition universelle de 1867, par son Excellence M. le Ministre de la Marine et des Colonies.)

La Compagnie LIEBIG établie au capital de 12 millions de francs possède, dans l'Uruguay, des établissements considérables dont la population ouvrière s'élève à près de 2,000 individus. Toute la contrée environnante dépend de l'usine, et la ville de Fray-Bentos lui doit son origine et ses accroissements. Toutes les rues qui se trouvent sur ses terrains, qui ont une étendue d'une lieue carrée, sont exclusivement habitées par ses ouvriers et leurs familles. Elle y a aussi fait construire une école pour les enfants et une église.

Le bétail abattu par la Compagnie pour la fabrication de l'**Extrait** s'élève à près de 500 bœufs par jour.

Les appareils de cette immense usine sont mis en mouvement par des chaudières de la force totale de 740 chevaux.

Un grand réservoir d'une contenance de 5,000 pipes, alimenté par une machine spéciale, domine les établissements de la Compagnie et peut ainsi, en un instant, et par des conduits qui s'étendent dans toutes les directions, inonder les bâtiments pour les nettoyer, ou pour éteindre tout incendie qui s'y déclarerait.

Les vapeurs provenant d'une évaporation de près de 80,000 litres d'eau par jour sont recueillies dans des tuyaux et dirigées dans une cheminée élevée et spécialement construite pour cet objet.

Nous avons été, dit le rédacteur du *Standard,* journal de Buenos-Ayres, dans son compte-rendu d'une excursion à Fray-Bentos, témoins dans l'après-midi d'un nettoyage général ; l'eau arrive par torrents de tous côtés, et en un instant, l'établissement entier est nettoyé jusque dans ses moindres détails.

De grands égoûts, construits en briques et en ciment, recueillent l'eau et la conduisent en aval de la rivière. La propreté la plus minutieuse qui règne dans cette splendide fabrique nous a rempli d'admiration et de satisfaction.

LAMBERT, C. HOUSSIER et J., FAVRE, Nantes. — Conserves de poissons au beurre de Bretagne.

LILLA et EDWARDS, Mácdonald Street, Paisley (Angleterre). — Sauces et conserves.

MAGNAT, propriétaire à Loriol (Drôme). — Produits alimentaires.

MANDET, Alexis, Tarare (Rhône). — Biscuits de viande conservée.

VIARD, J.-Martin, 48, Boulevard Malesherbes, Paris. — Conserves alimentaires.

MERCIÉ, Jeune et Eug. SUZANNE, Orthez (Basses-Pyrénées). — Conserves alimentaires.

MOTNE, place de la Miséricorde, Lyon. — Terrines de foies gras et saucissons de Lyon.

Charcuterie. Comestibles. Cervelas aux truffes. Saucissons de Lyon. Spécialité de Terrines de foie gras et de Pâtés froids. — Exportation.

OGEREAU Frères, Chanteray-Nantes. — Conserves alimentaires.

ORLANDO, Jones et Comp., 18, Billiter Street, Londres. — Amidon, biscuits, farines.

PEYRON et Fils, fabricants de sardines à l'huile. — Boîtes de sardines conservées à l'huile.

POTIN, Félix, 103, boulevard Sébastopol, Paris. — Conserves alimentaires.

QUET, Jules, 54, rue de Bourbon, Lyon. — Charcuterie.

REMONDET, Auguste, Sassenay, près Châlon-sur-Saône. — Asperges et houblon.

RIVIÈRE, maître-d'hôtel et entrepreneur de voitures. — Conserves alimentaires et vin blanc.

RUFFEL, P., 14, rue Neuve Saint-Merry, Paris. — Beurre et jambons.

SAVARD, Léonard, 33, rue Bourgon, Paris. — Chapelures perfectionnées en tous genres et de fantaisie.

SCHNÉEGANS-REEB, 2, rue du Dôme, Strasbourg. — Pâtés et terrines de foies gras.

TIROT et Comp., Beaufort-en-Vallée (Maine-et-Loire). — Conserves alimentaires.

VICARD Fils, 143, boulevard de la Croix-Rousse, Lyon. — Saucissons et autres charcuteries.

CLASSE 57

ALLIER, Père et Fils, confiseurs, Valréas (Vaucluse). — Tomates, pêches entières et en quartier, conservées sans le secours du sucre.

ARMIEU, Paulin, Léon-Saint-André, près Marseille. — Sucre de réglisse.

AUGIER, Pierre, 11, rue Droite, Grasse (Alpes-Maritimes). — Produits et conserves alimentaires.

AUMONT, François, Granville. — Conserves, légumes.

BAROUAT, Jean-Claude, 2, rue de Constantine, Lyon. — Dattes conservées et liqueurs extraites de la datte.

BLANCHER, 2, rue Turgot, Paris, et Limoges (Haute-Vienne). — Conserves alimentaires.

BONFILS, Frères et Comp., fabricants de conserves de truffes, Carpentras. — Truffes conservées en bouteilles et en boîtes.

BORNIBUS, Alexandre, 60, boulevard de la Villette, Paris. — Moutardes et vinaigres.

SPÉCIALITÉ DE MOUTARDE DE DIJON
Maison sans rivale pour sa fabrication, la plus importante des Maisons connues

C'est à la création de ses *Appareils* uniques de fabrication, au *Perfectionnement de ses produits* qui ont figuré *aux Expositions universelles* :

Paris, 1855-1856, appareils de fabrication.

Paris, 1867, groupe VI, classe 72, condiments.

Groupe X, classe 91, aliments.

Groupe 6, classe 50, appareils de fabrication.

Havre, 1868, classe VII, appareils. Classe IV, produits.

Beauvais, 1869, groupe III, produits. Groupe VIII, appareils.

Altona, 1869, produits.

Amsterdam, 1869, produits.

Trieste, 1871, appareils et produits.

Que M. **Bornibus** doit le succès de sa maison, *honorée des médailles d'honneur, or, argent et bronze.*

BOYVEAUX de GASTON, Villers, par Toulon-sur-Arroux (Saône-et-Loire). — Echantillon de houblons.

BROCARD, Pierre-Antoine, négociant, Bezé. — Houblons de Bourgogne.

BRUN, Lucien, maître d'hôtel, Pont-Saint-Esprit. — Conserves de truffes, haricots verts et vin blanc.

Fabrication spéciale en blés durs de Russie et d'Afrique.

Médaille d'argent à l'Exposition d'Amsterdam.

CHARBONNIER (veuve), place Crillon, Avignon (Vaucluse). — Fruits et légumes.

CHAUSSON, Victor-Louis, 166, chaussée du Maine, Paris. — Chicorée-amidon, dulcicolor.

CARPENTIER, Charles, 25, rue Ducouedic, Paris. — Conserves alimentaires, légumes pour pot-au-feu.

CASSEGRAIN, C., 11, rue des Cannes, Nantes. — Conserves alimentaires.

DEMEURAT ✳, Louis, Tournan (Seine-et-Marne). — Conserves alimentaires.

DUPRAT, CLÉMENT et MARCEL, 8, rue des Trois-Chandeliers, Bordeaux. — Conserves alimentaires

FAU, J., 87, rue du Jardin Public, Bordeaux. — Prunes sèches conservées.

FLAMAND-SEZILLE, Dominique-Auguste, Noyon (Oise), représenté par M. Berger, 22, rue Poulaillerie, Lyon. — Pois cassés décortiqués.

FRANCIA, Armisda, Spolète (Italie). — Conserves de légumes.

JOUGLA, André, fabricant, Grenade (Haute-Garonne). — Suc de réglisse.

MARIN, Paul, Salerne (Var). — Truffes.

MIROILLE et TARASCON, Fils, Vaison (Vaucluse). — Conserves de truffes.

NAQUET, Père et Fils, Carpentras (Vaucluse). — Conserves de truffes.

NAYRAC, Sarlat (Dordogne). — Conserves alimentaires.

NAVOISEAU, Pierre, Noirétable (Loire). — Tubercules et topinambours.

OGEREAU, Frères, 10, rue Jean-Jacques, Nantes. — Conserves alimentaires en flacons.

ORENGO, Honoré, Nice (Alpes-Maritimes). — Corbeille d'oranges.

PENIER, Jean-Pierre-Félix, Crest (Drôme). — Conserves alimentaires, truffes conservées.

POTIN, Félix, 103, boulevard Sébastopol, Paris. — Conserves alimentaires (légumes).

RAOUL, vicomte de SAINT-SÈVRE, Lamarche-sur-Saône, canton de
Pontailler (Côte-d'Or). — Houblon (récolte de 1871).

REMONDET, propriétaire, Lassenay, près Châlons. — Asperges.

ROBILLOUD, Heusin (Belgique). — Houblon récolte de 1871.

ROLAND, Alexis, 10, rue Guillaume, Dijon. — Houblons des récoltes
de 1870 et 1871.

ROZIÈRE, chimiste, Romainville (Seine). — boules de jus d'oignons.

SIMONNOT, Beze (Côte-d'Or). — Houblons de Bourgogne.

SOCIÉTÉ ANONYME DES SUCRERIES de Châlons-sur-Saône, directeur M. Champonnois-Bugniret. — Betterave et ses dérivés.

TERRIER et BRUNET, 8, rue Belfort, Villette-Paris. — Légumes
secs.

VIDAL, R., jeune, Toulouse. — Cornichons préparés au vinaigre.

CLASSE 58

ALEGRE, R., RAPHAELIS et PAULET, 15 et 17, rue Fargon, Marseille. — Vermouth.

ALEXANDRE, rue des Fleurs, Mulhouse. — Chocolats de la Comp. Alsacienne-Lorraine.

ALLEGRANZA, P. et Comp., 3, rue de l'Hôtel-de-Ville, Lyon. — Chocolats.

ANSELINI et MARASSI, Marigliano, arrondissement de Nola (Italie). — Tourteaux de graines de lin, alcools divers, huiles diverses.

ARCHLEB, Joseph, Kvasney (Bohême). — Liqueurs fines.

ARNAUD, aîné, Voiron (Isère). — Produits et liqueurs de toutes sortes.

ARTIGE, V.-C. et Comp., Aubenas (Ardèche). — Café de glands doux.

BAGUR, François, distillateur, Philippeville (Algérie). — Liqueurs.

BALLOR, Henry, droguiste, 14, rue de Milan, Turin, (Italie). — Vermouth.

BALLIVET, A., liquoriste, Châtillon-de-Michaille. — Vermouth et cassis.

BARTET jeune et BÉNIER, 21, rue de l'Hôtel-de-Ville, Lyon. — Confiserie.

BARLERIN, B. R., Tarare (Rhône). — Café hygiénique de santé, farine alimentaire, etc.

BAVEREY et Comp., 224, Cours Lafayette, Lyon. — Liqueurs.

BAUDET, successeur de Villarasa, 17, rue Saint-Dominique, Lyon. — Chocolats.

BEAUJET, F. et Comp., Epernay (Marne). — Liqueurs chartreuse.

BELVAL, Julien, gendre et neveu, Montpellier. — Liqueurs.

BENOIST, fils, chocolatier, Blois (Loir-et-Cher). — Chocolat en tablettes, café en boîtes.

BERNHARD, 151, rue d'Allemagne, la Villette-Paris. — Boules pour le pot-au-feu.

BERTRAND, Louis, Cavaillon (Vaucluse). — Une carafe liqueur.

BERTIER (le marquis de), Toulouse. — Prunes.

Vins et Prunes d'Ente

40 hectares de vignes.   1871, 220 quintaux prunes de 1871, intro-
Vins fins et de Coupage, crû de 1870-   duites dans le département par l'exposant.

BERNARD, LAGUIN et POULAT, Grenoble. — Bouteilles de liqueurs.

BERLIOUX, François, 8, rue de la Préfecture, Lyon. — Matières pre-
mières pour liquoristes et liqueurs fabriquées avec ces matières.

BEUKELAER (F.-X. de), 63, Marché aux Chevaux, Anvers. —Liqueurs,
élixir d'Anvers, liqueur hygiénique.

BIZOUARD, Alfred, distillateur, Nanterre (Seine). — Liqueurs
(Elixir de Nanterre.)

BLOCH, N.-C. et ses Fils, Düttlenheim, près Strasbourg, Alsace. —
Sucre de fécule.

BLANQUI, J.-A., fils, distillateur, Nice. — Bitter et curaçao.

BONAL, Hippolyte, liquoriste, Saint-Laurent-du-Pont (Isère). —
Liqueur dite Laurentine.

BOUCARD, Eugène et Comp., rue Conan-Mériadel, Nantes. — Echantillons de sucre candi pure canne.

BOUILLOUD, L., Bône, Algérie. —Alcool et vermouth fabriqués avec
les produits de l'Algérie.

BOURGAIN et Comp., Saint-Etienne. — Café de glands doux.

BOUCHARD, Marius, 33, cours Morand, Lyon. — Chartreuse
Bouchard, Genepi des Alpes. Liqueur des Alpines.

Spécialité des trois *Chartreuses* et   Maison se recommandant par la bonté
Genepi des Alpes.   de ses produits. *Exportation.*

BOURNET, G., distillateur, Sainte-Foy-la-Grande (Gironde). —
Liqueurs.

BOYER, 1 rue Périer, Marseille. — Vin cuit.

BRUNEL et DAVID, rue Noily-Prat, Cette. — Sirop de raisins.

BRUN-PEROD, C. et Comp., Voiron (Isère). — Liqueurs, china-
china, curaçao.

BRUNET, aîné, distillateur, Orléans. — Liqueurs brevetées.

BUTON, Giovanni et Comp., Bologne (Italie). — Liqueurs diverses.

CALMON, Pierre, Valence (Gironde). — Liqueurs.

CARENOU et TUR, Moussac (Gard); maison à Saragosse (Espagne). — Sucs et bois de réglisse.

CASATI, Isaac, rue de Lyon, Lyon. — Chocolat.

CAUCAL-LAVRAND, distillateur, Saint-Germain-du-Bois (Saône-et-Loire). — Liqueurs.

CHAPPAZ, P., distillateur, Marseille. — Vermouth, absinthe, bitter, essence de bischoff, etc.

CHAPELON, Francisque, 3 rue Ravez, Lyon. — Eau d'arquebuse, liqueurs et vins fins.

CHARAVIL, P.-A., confiseur, la Mure (Isère). — Jus de framboises.

CHARRIOT, L., Orléans. — Liqueur Victoria.

CHAPPAZ, Pierre, 42, boulevard Mérantié, Marseille. — Liqueurs.

CHARDOUNAND et Th. DUCROS-ODRAT, 4 et 6, rue Sully, Nîmes. — Sucres de réglisse en pains et en bâtons.

CHAPUIS et Comp., 9, rue Mont-Bernard, Lyon. — Liqueurs.

CHERMETTE, Clément, distillateur, Roanne. — Liqueurs.

CHRYSOGONE (Frère), procureur général des Frères Maristes, Saint-Genis, Laval (Rhône). — Eau d'arquebuse, et liqueur de l'Hermitage.

COINTREAU, Frères, distillateurs, Angers (Maine-et-Loire). — Liqueurs diverses.

COLON et MALOT, distillateur, 3, rue Larochefoucault, Boulogne (Seine). — Liqueurs.

COMER, Francesco, Trieste (Autriche). — Rosolio, maraschino de Zara.

COSMACENDI, Antonio, Zara (Autriche). — Maraschino et rosolio.

COSTA, J.-N., liquoriste, 64, cours Lafayette, Lyon. — Liqueurs de myrthe rose et blanche.

CUSENIER, E. Fils aîné et Comp., Ornans (Doubs) et Paris, 226, boulevard Voltaire. — Liqueurs, kirsch, absinthe.

DARISTE, G. négociant, Bordeaux. — Rhum.

DAVID Fils, Frères, 40, rue de Condé, Lyon. — Liqueurs.

DEJARDIN, E., 27, rue Richer, Paris et Philadelphie (Etats-Unis d'Amérique). — Sirop d'oranges rouges de Malte.

DELUGEN, A., aîné, 9, rue de l'Observance, Bordeaux. — Cafés torréfiés en boîtes.

DELANNE, jeune, Langres (Haute-Marne). — Moutarde de table.

DELBAYS, Manuel, Fils, Blidah (Algérie). — Liqueur hygiénique, l'*Africaine*.

DELEUZE, Frères et Comp., Moussac (Gard). — Sucs et bois de réglisse.

DELEUZE, Fils aîné et Comp., Villeneuve-de-Berg (Ardèche). — Elixir du Coiron.

DESCHANVRES et Comp., Denain (Nord). — Alcool de mélasse extra-fin.

DESVIGNES, 15, rue du Pont Louis-Philippe, Paris. — Bitter et extraits.

DÉTANG, G., Petite Chartreuse, près Beaune. — Liqueurs en flacons.

DEYMANN-DRUART, 224, rue de Brabant, Bruxelles. — Liqueurs.

DIZERENS, J.-J., distillateur, Lausanne (Suisse). — Eau et liqueurs d'arquebusade.

DONNADIEU, 6, place Lapérouse, Albi (Tarn). — Essence d'anis et essence d'absinthe.

DOUILLOT, Chaux-de-Fonds (Suisse). — Liqueurs.

DUCHESNE et Comp., dépositaires généraux de la liqueur du Grand Saint-Bernard, Vevey (Suisse). — Liqueurs.

DUTRUC, A., Fils et Comp., distillateurs au Grand-Lemps (Isère). — Liqueurs diverses et fruits à l'eau-de-vie.

DUTRUC, R., liquoriste, Saint-Marcellin (Isère). — Liqueurs diverses.

EMERY, A., pharmacien, 54, rue Vacon, Marseille. — Eau de mélisse des Carmes du frère Mathias.

ERVEN, L. et BOLS, liquoristes, Amsterdam. — Liqueurs fines.

ESCOFFIER, 87, rue de Lyon, Lyon. — Confiserie.

ESCOFFIER, confiseur, Nice. — Confiserie.

Fabrique de fruits confits, première qualité. Expédition contre remboursement, en caisses de toutes dimensions pour tous pays d'Europe. Exportation.

ETIENNE, Emile, raffineur, Nantes. — Sucres raffinés.

FAYARD, J., liquoriste, Cluny. — Elixir de la Montagne des Brosses. Curaçao supérieur. Prunelles du Mâconnais.

FILLION, liquoriste, 5 et 9, rue Gasparin, Lyon. — Quina-vermouth, crème de cacao, vanille, curaçao, égyptienne.

FILLION, Fils et Comp., rue de l'Epée, Lyon. — Glucoses.

FONTAINE, François, Saint-Jean-de-Bournay (Isère). — Moutarde à manger.

FÉRON, Alfred, 69, route de la Révolte, Clichy-la-Garenne. — Liqueurs.

FERRAT aîné, 5, rue Montorge, Grenoble. — Liqueur dite la Dauphinoise, et élixir souverain.

FONRODONA y CASTELLO, Barcelone (Espagne). — Sucre raffiné de cannes.

FOUASSIN, A., liquoriste, 75, rue des Guillemins, Liége (Belgique). — Liqueurs.

FREQUIN-CHARLES, E., Saint-Saulve-lez-Valenciennes (Nord). — Chicorées en racines séchées, et chicorées torréfiées.

GAGNIÈRES, 37, rue de l'Hôtel-de-ville, Lyon. — Liqueurs, chocolats, confiserie.

GAMBS-WIRIG, 13, rue de Jussieu, Lyon. — Produits de la confiserie.

GELOT, 61, avenue de Noailles, Lyon. — Confiserie.

GENTILLI, Trieste (Autriche). — Maraschino.

GERBAULT-RIVON, A., pharmacien, Saint-Aignan (Loir-et-Cher). — Liqueur dite La Prunelline.

GHESQUIER-BOUISSET, 5, place Saint-Martin, Lille. — Liqueurs.

GIOVANOTTE, A., Gilly, province de Hainaut (Belgique). — Elixir Giovanotte.

GIRIN, L., 56, rue de l'Hôtel-de-Ville, Lyon. — Confitures, conserves alimentaires, comestibles et liqueurs.

GIROLAMO LUXARDO, Zara, Dalmatie (Autriche). — Maraschino.

GONTARD et CONDRAU, 87, rue Tronchet, Lyon. — Liqueurs.

GRILLAT, liquoriste, La Frette (Isère). — Liqueur dite Abeille des Alpes, etc.

GRIME, Jules, 6, rue de Béarn-au-Marais, Paris. — Confitures et marrons glacés.

GROOTES Frères, Westzaan (Hollande). — Chocolats.

GUILLOU, E. et Comp., 99, rue de Flandre, Paris-Villette. — Chocolats.

HENLEY, William, Joiner Street, Cooley Street, Bride Southwark, London. — Cidres et vinaigres.

HILDEBRANDT, J. et Comp., 43, rue Traversière, Bordeaux. — Ayapana, maté, bitter indien.

HUGON, successeur de DEBEAUVE et GALLAIS, 30, rue des Saints-Pères, Paris. — Chocolats et thés.

HŒLCHER, Auguste, 8, rue de Rive et 42, rue du Rhône, Genève. — Vermouth aux vins d'Espagne.

JACQUEMIN, P., Père et Fils, Meursault (Côte-d'Or). — Pots et flacons de moutarde.

JALLAGEAS, Marcel jeune et Comp., Isle d'Espagnac (Charente). — Cafés torréfiés.

JEAN, Léon et Comp., Maroilles (Nord). — Produits successifs de la fabrication de la chicorée.

JEANTI et **PREVOST**, raffineurs, 33, rue de Tanger, Paris. — Sucre raffiné.

JENOUDET (Veuve) et **MALIVERNET** Frères, 9, rue de Barême, Lyon. — Liqueurs.

Crème de prunelles au cognac. | Curaçao au cognac. — Vermouth.

JEANTON, J., 90, rue Sylvabelle, Marseille. — Sucs de réglisse.

JOUANIN, A., confiseur, Largentière (Ardèche). — Café des Iles.

KNETNESKY, Jules, 3, avenue Bel-air-du-Trône, Paris. — Cafés torréfiés.

KOCHENDORFER, Bar-sur-Aube. — Liqueurs.

Liqueur Saint-Bernard, se recommande par sa finesse et ses qualités digestives. Alcool 40 %. Récompenses obtenues à Tournay (Belgique), Bar-sur-Aube, Dijon. | Prix du litre : **4** fr. Prix du ½ litre : **2** fr. **50** Frais de Régie y compris, rendu **franco** à la gare la plus proche du **destinataire.**

LAPIERRE, Mâcon. — Liqueurs.

LAROCHE, Alfred, Saulxures (Vosges). — Liqueurs.

LEBLANC-WINKLER, Altkirch (Alsace). — Chocolats.

LEGRAND, Richard, négociant, 45, boulevard Saint-Germain, **Paris.** — Chartreuse.

LÉOTHAUD et Comp., 253, avenue de Saxe, Lyon. — Chocolats.

LESAGE et **PAIGNARD**, 1, rue Figuier-Saint-Paul, Paris. — Confitures et conserves.

LHOPITAL, J.-F., 54, Perspective de Newski, Saint-Pétersbourg. — Chocolats et bonbons.

LORQUIN, J.-B., rue Mesmer, Bône (Algérie). — Amer algérien.

LOUIT, Frères et Comp., Bordeaux. — Produits alimentaires.

MACHON Fils et Comp., Tain (Drôme). — Liqueurs.

MANTIN-RICHARD, liquoriste, Moulins-sur-Allier. — Liqueurs et fruits conservés.

MARTINI, SOLA et Comp., 34, rue Charles-Albert, Turin. — Liqueurs et extraits pour la fabrication instantanée des liqueurs.

MARCHAND Frères, 222, rue Saint-Antoine, Paris. — Liqueurs et fruits à l'eau-de-vie.

Cette maison, l'une des plus importantes de Paris, et dont la fondation remonte à 1795, expose :
1° L'*Eau souveraine*, inventée par M. MARCHAND père (elle est remarquable par ses éminentes qualités hygiéniques) ; 2° un assortiment de liqueurs ; 3° des fruits conservés à l'eau-de-vie.

MARTHOUD, F., place Mahon à Alger. — Bitter, punch au kirsch et au rhum.

MASSARENGHY, 88, rue de l'Hôtel-de-Ville, Paris. — Confiserie.

MAURIAL, publiciste-vinicole, boulevard des Italiens, Paris. — Produit dit œnotannin.

MAYER, Albert, liquoriste à Thann (Alsace). — Liqueur de la montagne du ballon d'Alsace, et pastilles de gomme au miel.

MELLINAND, rue de l'Éperon, Vienne (Isère). — Sirop de groseilles.

MELKIOR, P.-J., 14, rue du Berger-Lille, Bruxelles. — Liqueurs diverses.

MERCADAL, B., 21, rue de Chartres, à Alger. — Liqueurs et produits aqueux pour l'alimentation.

MICHEL, Fils, confiseur, 83, Grande-rue à Montélimart. — Nougat.

MICHEL, Fils, distillateur à Vence (Alpes-Maritimes). — Fleurs d'oranger et curaçao indigène.

MOINAT, 17, rue du Mail (Croix-Rousse) Lyon. — Café indigène de santé.

Ce produit, composé de substances provenant des montagnes de France, est particulièrement recommandé contre les Irritations de poitrine, Maux de tête, et constipations. — Excellent comme calmant.

MONIN-MICHAUX, Dinant (Belgique). — Liqueur hygiénique « le Sanglier des Ardennes. »

MORAT, C., 9, rue Neuve (Lyon). — Eau d'arquebuse.

MOREY, L., confiseur, 24, quai Saint-Cosmes, Châlons-sur-Saône. — Bonbons anglais et fondants.

MOULIN, François, chimiste, 12, rue des Tables-Claudiennes, Lyon. — Quartraline et cerisine.

NALLET-MENAND, distillateur, Châlons-sur-Saône. — Prunelles de Bourgogne.

NÉGRE, Léon, 1, rue Grande-Horloge, Aix (Bouches-du-Rhône). — Confiserie.

NOEL, E., Thuminant (Vosges). — Glucoses, sirop blanc cristal et massé extra.

NOYAUX, J.-A., 6, rue de Foy, Saint-Etienne (Loire). — Liqueurs douces et fortes.

OBEZ, Adolphe, 12, rue du Béguinage, Douai (Nord). — Sirop de Calabre.

OLIVIER Frères, 13, place du Chairedon, Toulouse. — Extrait de mélisse, liqueurs diverses.

OPPLIGER-GEISER, Langenthal (Suisse). — Essence de café. Café de santé et chicorée.

PAILLARD et Comp., Rouen (Seine-Inférieure). — Bitter et sirops.

PANCERA, 15, rue Neuve, Bordeaux. — Liqueurs.

PAULIN-AMIEU, Léon-Saint-André, Marseille. — Suc de réglisse.

PASTRÉ, Auguste, distillateur, Aubenas (Ardèche). — Liqueurs.

PELLETIER et Comp., 18, boulevard Sébastopol, Paris. — Chocolats, thés et tapiocas.

PERRIN, Eugène, Gap (Hautes-Alpes). — Sucs de fruits et eaux aromatiques pour confiserie.

PERSIN, Félix, à Montpellier. — Elixir Persin.

PEYRAUD, 37, rue de Lyon, Lyon. — Chocolats.

PICON, Gaëtan, distillateur, Philippeville (Algérie). — Amer africain.

MAISONS A PHILIPPEVILLE, CONSTANTINE ET BONE, *Algérie*

L'Amer africain, dont M. G. PICON est l'inventeur, a été médaillé à toutes les Expositions.

Cette Liqueur apéritive, à base de quinquina, essentiellement tonique et fébrifuge, rend depuis de longues années, en Algérie, où elle est universellement consommée, des services éminents à l'hygiène publique.

(Voir le rapport officiel du jury de l'Exposition de Paris 1867, tome XI, page 417 et 418).

Trois usines installées à Philippeville, Constantine et Bône (Algérie), occupent un nombreux personnel à la fabrication spéciale de l'**Amer africain**.

Depuis le 1er avril 1872, un entrepôt général pour la France et l'exportation, est créé à Marseille, rue de l'Olivier, 50, et dirigé par M. DAMOY, gendre et associé de M. PICON.

Dans tout le midi de la France et nos Colonies, le succès de l'**Amer africain** est déjà assuré.

Tout visiteur à l'Exposition peut déguster gratuitement l'**Amer africain**, se convaincre de l'excellence de ce délicieux produit algérien et se renseigner sur les conditions de vente.

PITOLET, distillateur, Dampierre-sur-Salon (Haute-Saône). — Alcoolats pour fabriquer à froid toutes espèces de liqueurs sucrées, bitter et absinthe suisse.

PITET, Louis, Pont-de-Veyle (Ain). — Elixir d'arquebuse.

POIGNÉ, distillateur, Moulins (Allier). — Elixir de Vichy.

POTIN, Félix, 103, boulevard Sébastopol, Paris. — Chocolats, liqueurs, sirops, fruits et confiserie.

Chocolat
Chocolats purs. — Bonbons-chocolats.

Conserves Alimentaires
Petits pois. — Asperges. — Haricots. — Champignons. — Tomates. — Truffes. — Sardines. — Thon, etc.

Distillation
Liqueurs. — Sirops. — Jus de fruits. — Fruits conservés à la vapeur. — Spécialité : *Liqueur Potin.*

Confiserie
Dragées. — Pralines. — Pâtes pectorales. — Pastilles. — Sucres d'orge et de pomme. — Bonbons anglais. — Fondants. — Marrons glacés, etc., etc.

PREVOST, Charles et Comp., Vieille Route d'Aix, Limoges. — Café Prevost.

PRIME, Jules, 6, rue de Béarn, Paris. — Confitures de toutes sortes et marrons glacés.

RANCOUGNE (le marquis de), Guadeloupe. — Sucre.

RAPARLIER, Alphonse, 9, rue Fossé-aux-Loups, Bruxelles. — Sirops.

RATEL, distillateur, 33, rue Brezin, Paris. — Eau de mélisse des Carmes Saint-Jacques.

REDING, Frères, Schwyz (Suisse). — Eau de cerises.

RENAUDIN, N. et Comp., La Guerche (Cher). — Sucre brut cristallisé et sucre brut pulvérisé.

RICHE, 24, rue du Palais-Grillet, Lyon. — Liqueur dite la Lyonnaise.

RICHARD et Henri, distillateurs, Luxeuil (Haute-Saône). — Kirsch.

RIVIÈRE, François, propriétaire, Brescia, près Donera (Algérie). — Vins blancs et rouges, vins de paille.

RIVOIRE, Thomas, maison Napoly, 16, rue Boileau, Lyon. — Tonneau nouveau et liqueur nouvelle.

ROCHAT, J., distillateur-liquoriste, 20, quai de l'Hôpital, Lyon. — Liqueurs diverses, arquebuse, vermouth, bitter.

ROGER, 144, rue de Flandre, Paris. — Liqueurs.

ROMANO VLAHOV, Sebenico (Autriche). — Vins Plavinio, Tartaro et Maraschino.

ROUSSET (veuve), 86, Cours Lafayette, Lyon. — Imitation café (déposé).

Le **Café Rousset**, aliment agréable au goût, se recommande aux personnes maladives, depuis l'enfant jusqu'au vieillard débile. — DÉPOSÉ.

ROUGÉ (veuve Pauline), fournisseur de la Cour, Moscou (Russie). — Liqueurs.

ROUZÉ, Hilaire, glacier, 11, rue Saint-Dominique, Paris. — Conserves de fruits.

ROUVIÈRE, Fils, distillateur, 35, rue de Gray, Dijon. — Cassis et liqueurs.

ROUSSELIER, Jean, propriétaire, Aimargues (Gard). — Eaux-de-vie du Languedoc.

ROUVIÈRE, Fils, 35 et 37, rue de Gray, Dijon. — Crème de cassis de la Côte d'Or.

SABATIER-GRANIER et Fils, Manduel (Gard). — Vermouth.

FABRIQUE SPÉCIALE DE GRANDES LIQUEURS
A base de Cognac fine Champagne

LES PLUS HAUTES RÉCOMPENSES AUX EXPOSITIONS FRANÇAISES
ET ÉTRANGÈRES

COMPTOIRS : A LIVERPOOL, CANTON, NEW-YORCK ET CALCUTTA

RAPPORT DU JURY INTERNATIONAL DES EXPOSITIONS

« Cette Maison jouit à bon droit d'une réputation séculaire pour la supériorité de ses produits, qui sont connus sur tous les points du globe, et pour les immenses quantités livrées chaque année à l'Exportation. »

M. SAPIN, breveté, Membre de plusieurs Sociétés savantes, de l'Académie nationale manufacturière et commerciale; de la Société d'encouragement pour l'Industrie nationale ; de la Société des Sciences industrielles, Arts et Belles-Lettres de Paris, etc., a fait une étude spéciale de la Chimie végétale ; il met à contribution la flore de toutes les latitudes, et son laboratoire pourrait servir de cabinet d'études au botaniste le plus érudit. Pas une substance, une plante, dont les propriétés ne soient étudiées, caractérisées, et dont les effets ne soient connus et approuvés.

Ce n'est donc pas sans raison que M. SAPIN a donné à quelques-unes de ses liqueurs le titre d'hygiéniques ; chacun des éléments qui les composent a des vertus propres et spécifiques, que les Savants de l'antiquité, ainsi que les Facultés modernes, ont reconnues et préconisées. Ces Liqueurs sont le complément d'un bon repas et le **nec plus ultra** des jouissances du goût.

LIQUEURS HYGIÉNIQUES

Elixir de Mathusalem.	**Liqueur orientale.**
Curaçao SAPIN **double orange.**	**Crème de vanille du Mexique.**
Curaçao SAPIN **triple sec.**	**Crème d'Arabie.**
Curaçao blanc stomachique.	**Crème de Menthe.**
Anisette.	**Crème de Cacao, etc.**

Outre ses Liqueurs, dont la réputation est universelle, la Maison SAPIN et Cⁱᵉ fait encore un commerce très-important, en **France et à l'Etranger**, des Cognacs, fine champagne, et vins fins de Bordeaux, etc., etc.

SAUTIER, J.-H., 3, rue Grenus, Genève (Suisse). — Vermouth.

SAY, Constant, raffineur, 123, boulevard de la Gare, Paris. — Sucre raffiné, grains fins, cristallisé.

SCHOOFS, J.-B.-C., 15, rue de la Montagne, Bruxelles. — Extraits pour liqueurs.

SCHOUTEETEN-TIERS, 17, rue d'Esquermes, Lille. — Liqueurs.

SERNIN et CHAYRON, Saint-Girons (Ariége). — Boisson dite Ritre, liqueur Montvalier.

SEUBE, aîné, Bagnères-de-Luchon, usine à Toulouse. — Chocolats.

SIROU, J., aîné, 73, rue de Nièvre, Nevers — Elixir végétal Sirou.

SOCIÉTÉ ANONYME (la) des sucreries de Châlons-sur-Saône, Tournus. — La Betterave et ses dérivées, sucre brut, etc.

LE DIRECTEUR de la Société Anonyme de la distillerie de Jonzac (Charente-Inférieure). — Liqueurs.

SOUVIGNET, confiseur, 17, rue Saint-Pierre, Lyon. — Boules de gomme et confiserie.

SOULEAU, propriétaire, 62, rue du Loup, Bordeaux. — Vins.

STOFFEL, Alexandre, Mulhouse (Alsace). — Chocolats et confiserie.

SOUBEYRAND, Arnaud, confiseur, Montélimart (Drôme). — Nougat et fruits confits.

SOULA, H., Pamiers. — Elixir du Pérou, liqueur hygiénique au quinquina.

STOUPANI, Fils, 119, Grande-Rue, Montélimart (Drôme). — Nougat.

SUCHARD. Ph., Neufchâtel (Suisse). — Chocolats.

TERRASSE, rue de la Barre, Lyon. — Confiserie et fruits confits.

TEYSSONNEAU, Ch. jeune et ses Fils, 11 et 13, rue Saint-Siméon, Bordeaux. — Fruits, conserves alimentaires et liqueurs.

TOURRES-GAVAIX, propriétaire vinicole, Mezel, par le Pont-du-Château (Puy-de-Dôme). — Echantillons des vins d'Auvergne.

CHOCOLAT DES GOURMETS, TRÉBUCIEN FRÈRES
Cours de Vincennes, 25, Paris
Médaille d'honneur, Londres, 1862. — Deux médailles d'honneur, Paris, 1867
(Voir page 11)

TOYE, P., aîné et Comp., 15, rue Sainte-Catherine, Lyon. — Alcool de menthe anglaise, eaux de fleurs d'orangers de Grasse.

L'alcool de MENTHE ANGLAISE, P. Toye aîné et Cie, se recommande par ses Propriétés hygiéniques et bienfaisantes, et son parfum exquis; il est reconnu supérieur à tous ceux qui ont paru jusqu'à ce jour.

ULRICH, Domenico, 5, rue Saint-Secondo, Turin. — Liqueurs et extraits de liqueurs.

VALLET, Martin 34, rue de la Loire, Saint-Etienne (Loire). — Liqueurs de table.

VAN ZUYLEKOM, LEVERT et Comp., Amsterdam (Pays-Bas). — Liqueurs diverses.

VANDEVELDE, 9, Ancien Marché au Bétail, Gand. — Liqueurs fines.

VÈNE, Eugène, 5, rue Pavée-des-Chartrons, Bordeaux. — Liqueurs et spiritueux.

VIALA, Arthur, Place d'Assas, le Vigan (Gard). — Pastilles de réglisse gommées au suc de tussilage.

VICAT, Joseph-Henri, 125, rue Saint-Denis, Paris. — Moutarde vert-pré forte Dijon, vert-galant, thé.

VIEN, Achille, confiseur breveté, s. g. d. g., Chef-Boutonne (Deux-Sèvres). — Orgeat concentré et solidifié, élixir Vien, liqueur hygiénique, thearum mousseux (boisson gazeuse).

VIOLET Frères, négociants et propriétaires, Thuir (Pyrénées-Orientales). — Vins fins du Roussillon et d'Espagne.

VITTONE Fils, Nice. — Vermouth de Turin, triple fine orange, curaçao du Midi, élixir de Nice.

VUILLERMOT, J.-A., 38, rue de Paris, Vincennes-Paris. — Liqueur merveilleuse.

WATRIN, J., distillateur-liquoriste, 6, rue Grétry, Liége. — Liqueurs.

WAUTERS de BUSSCHER, 52, rue de la Chaussée, Malines (Belgique). — Liqueurs fines.

WIELEMANS Frères, 30, Chaussée d'Anvers, Bruxelles (Belgique). — Liqueurs fines.

WIJNAND-FOCKINK, Amsterdam. — Liqueurs fines.

ZARABY, 20, rue Bonneterie, Avignon. — Elixir végétal de Saint-Jean.

CAFÉ DES GOURMETS

C'est là un de ces rares produits pour lesquels la faveur du public ne s'est jamais démentie, et qui, marques de premier ordre, toujours distinguées des produits analogues, ne peuvent renier leur passé et restent d'une qualité qu'on chercherait vainement dans leurs imitateurs.

Les sortes dont se compose le **Café des Gourmets** sont les plus délicates et les plus recherchées, le produit des meilleures récoltes des plantations les plus estimées. Les soins exceptionnels qui président à sa torréfaction, la garantie qu'il est exempt de tout mélange de chicorée ou autres substances indigènes expliquent sa supériorité incontestée. Les procédés de concentration auxquels il est soumis en font en outre un produit éminemment économique.

Une Médaille d'honneur à l'Exposition Universelle de Londres 1862. — Deux Méd. à celle de Paris 1867, en proclamant la supériorité du **Café des Gourmets,** n'ont du reste fait que consacrer le sentiment public qui l'avait partout hautement reconnue et appréciée.

Pour se mettre à l'abri des imitations ou des contrefaçons du **Café des Gourmets,** les consommateurs doivent exiger que toutes les boîtes soient scellées d'une bande au nom des producteurs, et portent sur l'étiquette leur signature.

LES CHOCOLATS ET LES TAPIOCAS
DES GOURMETS ET DE LA COMPAGNIE EUROPÉENNE

provenant de la même Usine, et entourés de soins aussi recherchés que le **Café des Gourmets,** offrent comme lui les plus sérieuses garanties d'une qualité exceptionnelle.

Se trouvent dans toutes les bonnes Maisons d'Epicerie, de Confiserie et de Comestibles.

CLASSE 59

ALLÊGRE, Raphelis, et **PAULET**, 15, rue Parjon, Marseille. — Vermouth.

ALLEN, Maria-José-Valentin, Porto, (Portugal). — Vins.

VINS DE PORTO

M. J. VALENTE ALLEN à *Porto*, propriétaire du clos Noval, dans le district du Alto Douro, province de Tras-os-Montes (*Portugal*)

Anciennes maisons JOSÉ-MARIA-REBELLO **VALENTE** et J.-M. REBELLO **VALENTE** et **T. ARCHER.**

Gérant actuel ALFREDO **ALLEN** (vicomte de Villar d'Allen) officier des Ordres de la Légion d'honneur et de Léopold

Médailles et Récompenses

1857 et 1860. Expositions de Porto, médailles d'honneur.

1882. London, prize medal, et M. Rebello-Valente, commandeur de l'Ordre du Christ.

1865. Exposition internationale Portugaise, médaille de vermeil (d'honneur) et commandeur de l'Ordre de la Conception.

1867. Paris, médaille d'or (d'honneur).

ALMEIDA-CAMPOS (José d'), Porto. — Vins de Porto.

ANSEINI et **MARASSI**, Marigliano (Terra di Lavoro). — Alcool, tiré du maïs.

ARNAUD, aîné et Comp., Voiron (Isère). — Liqueurs spéciales.

ASTRUC, A., directeur de la Réunion vinicole, 29, rue Bourie, Bordeaux. — Vins rouges et blancs de Bordeaux, vins étrangers, cognacs, rhums.

AUBERY, D., 21, rue Tronchet, Lyon. — Vins.

AUSSEY (H. d'), château de Bellouaille, près Saint-Jean-d'Angély (Charente-Inférieure). — Eau-de-vie de Cognac.

BADOIL. A., docteur-médecin, l'Arbresle, (Rhône). — Vins d'oranges obtenus par la fermentation.

BAILLE-TORQUEBIAU et ses Fils, Cette (Hérault). — Vermouth.

BLALAYE, 45, rue de Turenne, Paris. — Fluide liquide clarifiant les liquides.

BALLANDRIN et **SABOURAULT**, 32, rue Lanterne, Lyon. — Liqueurs.

BALLIVEN, Alexandre, Châtillon-de-Michaille (Ain). — Liqueurs.

BALLOR, Henri, 14 rue de Milan, Turin. — Vermouth.

BARAULT-SORINE, Santenay (Côte-d'Or). — Vins.

BARBEAU, 61, rue Schmith, Lyon. — Pots de moutarde.

BARRÉ, Bonny-sur-Loire (Loiret). — Vinaigre de vin.

BARDON, Léon, 21, rue Traversière, Bordeaux. — Vins rouges et blancs de ses propriétés du Clos Saint-Laurent (Médoc) et la Roche (Barsac).

BASELLES, Pedro et Comp., Reus, province de Tarragone (Espagne). — Vin de la dernière récolte.

BARRAL, Jean-Louis, 41, rue Saint-Honoré, Paris. — Vins muscats de Frontignan.

BAZET, Julien, Mascara (Alger). — Anisette Espagnole, eau-de-vie de marc, eau-de-vie de vin, vin rouge et vin blanc. Produits des vignobles de Mascara.

BEAUJET, F. et Comp., Epernay (Marne). — Liqueurs, chartreuse, champagne mousseux.

BÉARN-VIANA (le comte, prince de), la Rochefoucault (Charente). — Vins et eaux-de-vie.

BEAUREGARD (Mme), Millery (Rhône). — Plusieurs genres de vins.

BELHARDI, Dominique et Comp., Turin (Italie). — Vin, vermouth.

BERGER, Frères et ROY, Cantenax (Gironde). — Vin de Médoc.

BIAMABE, Alcide, Cournau d'Armagnac, canton de Gabarre (Landes). — Bouteilles de vin.

BIDEAU, A. et LÉPILLER, Th., 3, petite rue du Colysée, Bordeaux, Société vinicole Bordelaise. — Vins, eaux-de-vie et liqueurs.

BINEY, Virginie, 2, rue Serpente à Chartres (Eure-et-Loir). — Eau chartraine.

BLANC, Sébastien, Montromand (Rhône). — Vins rouges, nouveaux et vieux du crû.

BLANCHY, Ed. et CARENNE, 32, allée de Boutant (Bordeaux). — Vins de Bordeaux.

BODEN, Edmond, 27, rue Cérès, Rheims (Marne). — Vin de Champagne mousseux.

BOINETTE, rue des Fossés, Bar-le-Duc (Meuse). — Vins rouges de Bar.

BONNET, César, Riez (Basses-Alpes). — Bière dite bière Bonnet-Riez.

BONVIN, Ch., Fils, Sion, Valais (Suisse). — Bouteilles de vin.

BORNESNISSZA (le baron), Pesth (Hongrie). — Vins de Hongrie.

BOSSARD, Père et Fils, Solitude (Zug-Suisse). — Kirschenwasser.

BOUFFARD, J., Père, 71, cours d'Aquitaine, Bordeaux. — Vin en bouteilles.

BOURDIS, THOLOZAN et Comp., Pontcharra-sur-Bréda (Isère). — Vinaigre de vin et bouteilles de vin rouge.

BOURNET, Sainte-Foix-la-Grande (Gironde). — Liqueurs.

BOYER, aîné, 1, rue Périer (Marseille). — Vin cuit.

BRETON-LAUGIER, 27, rue d'Illiers, Orléans. — Divers types de vinaigre de vin.

BROUN-WESTHEAD, MOORE, J.-B. et Comp., Cauldou place, Kanley Staffordshire. — China Earthenware and sanitay Goods.

BRUGALIÈRES, Etienne, Floussas (Lot). — Vins fins.

BRUNET, aîné, distillateur, Orléans (Loiret). — Liqueurs spéciales.

BRUT, Jules, propriétaire, Crouze-Mérie, par Gaillac (Tarn). — Vins.

CAPON, Pierre, propriétaire du Roc, Alby (Tarn). — Vin de son crû, rouge et blanc.

CARMANTRANT, Joseph et GAND, Bletterans (Jura). — Bouteilles de vins mousseux blancs.

CASSAGNE (A. de), propriétaire, château de Saint-Jean-de-Libon (Hérault). — Vins spéciaux pour dessert.

CAVALIER, Jean, 10, rue de la Savonnerie, Cette (Hérault). — Vermouth.

CÉSARI, Paul-François, Sainte-Lucie-Tallano (Corse). — Vins rouges fins, huile d'olive fine.

CHABOT, Fils, 36, Côtes des Carmélites, Lyon. — Vins fins.

CHAGNARD, Frédérich, Montélimart (Drôme). — Clarificateur des vins.

CHAPUIS et Comp., 9, rue du Mont-Bernard, Lyon. — Vermouth, bitter et liqueur.

CHARBONNEL, Côte Saint-André (Isère). — Vins fins blancs et rouges.

CHARLIER, Jean-Baptiste, rue de Bellevue, Gand (Belgique). — Bière lupulineuse d'été.

CHATEAUNEUF, Auguste, Balarue-les-Bains (Hérault). — Vins de dessert.

CHAULLIER, Isidore, 11, rue du Soudan, Alger. — Vinaigre blanc et rouge.

CHENU, André-François, Gondreville (Loiret). — Vins du Gâtinais.

CHEVALIER, Albert, Beaune (Côte-d'Or). — Vins de Bourgogne.

CHIAPELLA, J., place des Quinconces, 12, Bordeaux. — Vins.

CHUCHET, Antonin, la Canagueneuve (Hérault). — Vin de Tokay.

CIRBIOT, Roger, Laboussardie (Charente). — Echantillons d'eau-de-vie.

CLAUDE, Lucien, au Luc (Var). — Vins.

CLERC, J.-B. et Comp., 46, place Dauphine, Bordeaux. — Vins de sa propriété du pape Clément.

COLIN, J., Lons-le-Saulnier (Jura). — Vins de Champagne, vins et spiritueux.

COMICE AGRICOLE du Haut-Beaujolais. — Vins.

COSTA, Jules-Noël, cours Lafayette, 64, Lyon. — Liqueurs myrthe.

COURTOIS, Jean-Baptiste, Moules, près Arles (Bouches-du-Rhône). — Vins blancs du clos Saint-Claude.

COURVOISIER, 5, rue du Soudan, Alger. — Vinaigre blanc.

CUISINIER, Ruffey-les-Echirey (Côte-d'Or). — Kirch.

DAUREL ✳, Hippolyte, Maranssan (Hérault). — Vins muscats, Alicante, etc.

DEFFEZ, Nérac (Lot-et-Garonne). — Vin rouge de plusieurs années, vin blanc.

DELAHAUT et Comp., 62, rue de Rivoli, Paris. — Rancio-color pour bonifier et colorer les eaux-de-vie ; colorigène ; houblon-color pour colorer et bonifier les vins.

DELBAYS, Fils, Blidah (Algérie). — Liqueurs.

DENIS, P., Gabriel GADRAD et Comp., Cognac (Charente). — Cognac pour envoi en futailles.

DESCHANVRE, F. et Comp., Denain (Nord). — Trois-six extra-fin de mélasse de betteraves, salins bruts de betterave.

DESVIGNES, Athis-Mons (Seine-et-Oise). — Bitter et extraits pour liqueurs.

DEVAUX, Lons-le-Saulnier (Jura). — Vins blancs mousseux.

DEYMANN-DRUART, Gustave, 224, rue de Brabant, Bruxelles. — Liqueur amère, dite bitter Deymann.

DEYNAUD, Jean, au château de Laforest (Gironde). — Vins et eaux-de-vie de la Gironde.

DOCHE, Evariste, Castang, Bergerac (Dordogne). — Vin de Montbazillac, vin blanc doux de Bergerac.

DONNAT, Adrien, Balaruc-les-Bains (Hérault). — Vins.

DROUHET, Charles, Havre. — Bitters.

DUFAUT et Comp., Pierry, près Epernay (Marne). — Vins de Champagne et vins non mousseux.

DUGAS, E., 28, rue Latour, Bordeaux. — Vins étrangers.

DUPONT, Paul et MARCY-MONGE, Paul, Nuits (Côte-d'Or). — Grands vins de Bourgogne.

DUSSAUT, E., Saint-Emilion (Gironde). — Vins.

DUVERGEY-TABOUREAU, fermier à l'hospice de Beaune (Côte-d'Or). — Grands vins blancs de Meursault et eau-de-vie de marc.

FALLER et HEYSCH, Thann (Alsace). — Vins en bouteilles ou en fûts.

FAURE-POMIER, vice-Président de la Société de viticulture, Brioude (Haute-Loire). — Vins.

FEBVRE-FORGEOT et SIMONNET, Châblis (Yonne). — Vin.

FERREIRA, Antonio-Bernardo, Porto (Portugal). — Vins en bouteilles.

FERRET Frères et Comp., Mâcon. — Vins de Beaujolais.

FERRANDI, Jacques, à la gare d'Orléans, Paris. — Échantillons de vins.

FIGEAC, Gabriel, Nuits (Côte-d'Or). — Vins de Bourgogne en bouteilles.

FISCHER et LEPPERT, 24, quai de Bourgogne, Bordeaux. — Bière d'exportation pour toutes colonies.

FISSE, THIRIAN et Comp., Reims. — Vins de champagne mousseux.

FOLLIOT, Jules, Châblis (Yonne). — Trois types de vin de Châblis, 1848, 1865, 1870.

FIGEAC-LORANCHET, Gabriel, Nuits (Côte-d'Or). — Vins de Nuits.

FONTANIÈRES, Paul, Pouillac (Gironde). — Vins rouges de Pouillac et Margaux.

FOUCAUD, Lucien, boulevard du Nord, Cognac (Charente). — Eau-de-vie de Cognac.

FOUGÈRES, A. et Comp., Beaune (Côte-d'Or). — Vins.

FOURNIER, Fils, Beaujean, près Belley (Hérault). — Eau-de-vie vieille du Midi et vin de Tokay vieux.

FRŒHLIGER, Auguste, Saint-Louis (Alsace). — Vins de son crù.

G. VI.

FOURNIER et Comp., Philippeville (Algérie). — Alcool de grains et alcool de figues.

GADRAD, Denis-Gabriel et Comp., Cognac (Charente). — Types d'eaux-de-vie de Cognac.

GALLAND, Paul-Etienne, Roumignière-Champagneux (Savoie). — Vins.

GALETTE, jeune, négociant en vins, Beaune. — Grands vins de Bourgogne.

GERBAY, pharmacien, Roanne. — Maltine Gerbay.

GIOBERTINI et GIOJUZZA, Giuseppe, 15, rue du Pont-Neuf, Paris. — Vins de Marsala et un tableau.

GIRARDIN, Henri-Charles, Cognac (Charente). — Eau-de-vie grande champagne.

GOUTARD et GONDRAU, 87 et 89, rue Tronchet, Lyon. — Vermouth et liqueurs.

GOMBAULT, Camille, Savigny-les-Beaune (Côte-d'Or). — Vins fins et de luxe, Bourgogne.

GONDAL, gérant du château Laffitte, Bordeaux. — Vin de Bordeaux

GOUTAREL, 30, rue Bourbon, Lyon. — Vin blanc de Saint-Michel (Loire).

GOUX, A., Fils, Seyssel (Ain). — Vins blancs de 1864-65-70-71.

GRANJEAN-FOUCHY, Émile, Fleurie (Rhône). — Vin rouge premier crû de la Roilette.

GRASSET, Cazouls-les-Béziers (Hérault). — Vins rouges ordinaires, muscat, Alicante, etc.

GROSS, Jacques, Lons-le-Saulnier (Jura). — Vinaigre de vin rouge et blanc, fait d'après le système orléanais.

GUILLEMOT, J., Nuits (Côte-d'Or). — Vin du clos des forêts Saint-Georges.

GUILLEMOT, Paul, Dijon (Côte-d'Or). — Vins.

HEMME DE LILLE et DESJARDIN, 21, rue de Trévise, Paris. — Extrait de malt français.

HERNANDEZ, MOLINA et Fils, Malaga (Espagne). — Vins d'Espagne.

HŒLCHER, Aug., 8, rue de Rive, Genève. — Vermouth au vin d'Espagne.

JACQUENET, Louis, rue Bel-Air, Avallon (Yonne). — Carafons.

JACQUIER de VACHERON, château de la Garde, par le Bois-d'Oingt (Rhône). — Vins.

JORROT-MUTIN, Joseph, Chambolle (Côte-d'Or). — Vins de Bonnes-Mares et de Chambolle.

JANJON, Emile et Fils, Lunel (Hérault). — Vins divers.

JOURDAN, César, Marengo (Algérie). — Vins blancs et rouges de diverses années.

KARCHER-ZIX, Mâcon (Saône-et-Loire). — Bière en bouteilles.

KIRSCHWASSER-GESELLSCHAFT, im Zug (Suisse). — Kirschwasser ou eau de cerises.

LAAGE (de), Fils et Comp., propriétaire, Cognac. — Eaux-de-vie de Cognac.

LABARÈRE (Eugène de), Lambèse, province de Constantine (Algérie). — Vins rouges et vins blancs.

LABROUSSE, Théodore, Nolay (Côte-d'Or). — Bières.

LAFONT, D., propriétaire, Sauterne (Gironde). — Vins blancs Sauterne.

LAMOTTE, Fils et Comp., Angers (Maine-et-Loire). — Vins blanc, mousseux, façon Champagne.

LANGLADE, Père et Fils, Boujan (Hérault). — Vins.

LANTHEAUME, Barsac (Drôme). — Vins blancs et rouges, vins blancs mousseux, muscat.

LAPIERRE, Mâcon (Saône-et-Loire). — Vins.

LAROQUE, Ed., Jeune, 14, rue Montagne, Bordeaux. — Vinaigre de vin en bouteilles.

LARRAYE, Frédéric, propriétaire, Narbonne (Aude). — Vins.

LAVERNETTE-SAINT-MAURICE (Anatole de), 28, place Bellecour, Lyon. — Vin, Clos de Cauzille-Burnand.

LAVIOLETTE-RUE, Beaune (Côte-d'Or). — Vins de Beaune 1865-68-69-70.

LAVIT (de), Pierre, Antinio (Hérault). — Vins rouge et blanc.

LAZARRE, Marius, Tlemcem (Algérie). — Vins.

LEBORGNE, Emile, Pont-du-Bens, près Allevard (Isère). — Vin rouge.

LEFÈVRE et REMONDET, Sauvigny-les-Beaune (Côte-d'Or). — Vin de Bourgogne mousseux.

LE GOUES (veuve), Magudas, près Saint-Médard (Gironde). — Vin de Bordeaux.

LETOURNEUR, Fils, Cour-Cheverny (Loire-et-Cher). — Vinaigre de vin.

LHOPITAL, J.-F., château de la Pallud, commune de Saint-Jean-de-la-Porte (Savoie). — Vins rouges.

LOUIS, Ribeauville, Alsace (Haut-Rhin). — Plusieurs sortes de vin de ses crûs du Rhin.

LUZET, Constant, Luxeuil (Haute-Saône). — Kirsch et absinthe.

MACHON, Fils et Comp., Tain (Drôme). — Eau-de-vie.

MAHOUDEAU, Théodore, Orléans (Loiret). — Echantillons trois-six, absinthe et kirsch.

MALÉGUE, Vincent, Périlla-la-Rivière (Pyrénées-Orientales). — Vins du Roussillon sec et doux.

MALIVERNET, Raphaël, Volney (Côte-d'Or). — Vins.

MALVES-DE-PONS, conseiller de Préfecture (Dordogne). — Vins mousseux de Saint-Hillain.

Ce vin, présenté pour la première fois dans les Expositions, joint à un goût sucré des plus délicats, l'avantage de mousser autant que le vin de Champagne, et de ne coûter qu'**un franc 25** la bouteille.

MALVEZIN, Théophile, canton de Pouillac (Bordeaux). — Vins de Bordeaux et vins du Médoc.

MANIFICAT, Th., Naples (Italie). — Vins blancs et rouges.

MAREY de GASSENDI (la famille), Nuits (Côte-d'Or). — Grands vins de Bourgogne.

MAREY et LIGER-BELAIR, Nuits (Côte-d'Or). — Vins de Bourgogne.

MARION, Vincent, Peynier (Bouches-du-Rhône). — Vins rouges.

MARTINI, SOLA et Comp., 34, rue Charles-Albert, Turin. — Vins, vermouth.

VALERY-MASQUELIER, Saint-Maur (Indre). — Trois-six, alcool de betteraves.

MAULOUIN, Prosper, 3, rue de Versailles, Nantes. — Vinaigres de vins.

MELKIOR, J.-B., 14, rue Berger, Bruxelles. — Liqueurs.

MENÉTRIER, Emile, Milianah (Algérie). — Vinaigre de vin de Milianah.

MERMAN, Jules et Comp., 19, quai des Chartrons, Bordeaux. — Vins rouges et blancs.

METZGER, Philippe et Comp., Asti (Italie). — Bière blanche et brune, ale, pale-ale, porter.

MICHON, J.-B., château de Chazoux, par Mâcon (Saône-et-Loire). — Vins rouges et blancs des côtes du Rhône.

MIKO (le comte Emerick), Pesth (Hongrie). — Vins de Hongrie.

MILAN-BARA, Ovize (Maine). — Vins.

MILLE, François, Briort, par Serrières (Ain). — Vins blancs 1868-69-70-71.

MINET, Jeune et Comp., Reims (Marne). — Vins de Champagne.

MIQUET, propriétaire, Saint-Ferréol (Haute-Savoie). — Vins mousseux.

MOREAU, G., propriétaire, Podensac (Gironde). — Vins rouges et blancs.

MOREAU et NEUVILLE (de), Saumur (Maine-et-Loire). — Vins mousseux, façon champagne.

MOSNIER-DELARBRE, Cournon (Puy-de-Dôme). — Vins et eaux-de-vie.

MULSANT, Marius, Alger. — Vins rouges.

NAST, Guillaume, à la Tour de Peilz-Vevey, canton de Vaud (Suisse). — Bière.

NEPOTY, Xavier, Saint-Laurent-des-Arbres, par Roquemaur (Gard). — Vins.

NIEPCE, docteur à l'établissement thermal d'Allevard (Isère). — Vins de l'Isère.

OLANGER, Louis, 34, rue du Pont de la Mousque, Bordeaux. — Vins rouges de différentes localités.

OLLIER Fils, brasseur, Grenoble. — Bières en fûts et en bouteilles.

PACOUTET Frères, Salins (Jura). — Vins rouge et paille.

PAOLI, Jean-Paul, Morsiglia, canton de Rogliano (Corse). — Vins du cap Corse.

PATENAILLE, H., Vesoul (Haute-Saône). — Kirsch et vins.

PARET, Benoît-Auguste, Ampuis (Rhône). — Vin Côte-Rôtie.

PARET, propriétaire, Condrieu (Rhône). — Différentes qualités de vins blancs et rouges.

PAYET, Janos, propriétaire, Pesth (Hongrie). — Vins de Hongrie.

PERRET, Pierre, propriétaire, Saint-Martin de Cernas (Rhône). — Vins.

PERSIN, Félix, place de la Comédie, Montpellier. — Elixir.

PHÉLIPPOT, Théodore, la Renatière-au-Bois (Ile-de-Ré). — Vins, eaux-de-vie, pineau, ceps de vigne, raisins.

PEYRIEUX, Eugène, Saint-Jean-de-Bournay (Isère). — Vin rouge.

PIGNON et CURLIER, Jarnac (Charente). — Eau-de-vie.

PIOT, Victor, Mâcon (Saône-et-Loire). — Vins rouges et blancs.

PLANCHÉ, X., La Plante (Cognac). — Eaux-de-vie grande champagne.

POITEVIN, Charles et Comp., à Vertus près Avize (Maine). — Vins.

PONCET-DEVILLE, jeune, 38, façade des Chartrons, Bordeaux. — Vins blancs.

PORCAR, Manuel, Barcelone. — Vinaigres d'olives et bombonnes olives.

PRADON, Jean, Bourg-les-Valence (Drôme). — Vins ordinaires, années 1869, 1871, plant de Beaujolais.

PRUDENT et SAVARY, 10, rue Montbeillant, Genève. — Vins, vinaigres, spiritueux et liqueurs.

PUEL, Charles, Trèbes (Aude). — Trois-six pur vin, et marc.

RAJON, V.-A., propriétaire à Saint-Chef (Isère). — Vins mousseux.

RÉCAPET, propriétaire à Saint-Christophe-Saint-Emilion. — Vins.

REDING Frères, Schwigz (Suisse). — Eau de cerises.

RELIN, Isidore, 27, Grande-Rue, Montpellier. — Vins rouges, blancs muscats, grenache et vinaigre blanc.

RENOUIL, gérant au château de Malescasse (Gironde). — Vins.

REVOIL, J., 1, place de la Miséricorde, Lyon. — Vins.

REY, Pierre-Auguste, Lens (Valais-Suisse). — Vins.

REYSSIÉ J. et A. RUBAT, de Mérac, propriétaire à Fleurie (Rhône) et Mâcon (Saône-et-Loire). — Vins de diverses provenances.

RIBORDY, Louis, avocat à Sion (Valais-Suisse). — Vins de Sion.

RICHARD, Frères et LE GALLIN, Mercurol (Drôme). — Vins divers.

RICHARD et HENRY, Luxeuil (Haute-Saône). — Kirsch.

RIDMATTEN (Louis-Xavier de), notaire, Sion (Valais-Suisse). — Vins fins du Valais.

RIEUNIER et Comp., 32, rue Cornac, Bordeaux. — Vins et spiritueux.

RIGOLLIER, propriétaire, Ampuis. — Vins de Côte-Rotie.

RIVAL-DE-ROUVILLE, Saint-Genis-Laval, près Lyon. — Vins.

RIVIÈRE, François, Crescia, près Alger. — Vins blancs et vins rouges.

RIVIÈRE (Léon ; baron de), propriétaire à la Grotte, près Vienne (Isère). — Vins de Saint-Gilles, rouges et blancs.

ROBINET, Jules, Mercurey (Haute-Garonne). — Echantillons de vins.

ROCHE, B. et Fils, Belvès (Dordogne). — Huile de noix.

ROJAT, J., fabricant de vinaigres, Nîmes. — Vinaigres.

ROJON, Jean-André, propriétaire, Saint-Chef (Isère). — Vins de Crucilleux, mousseux

ROMAT et du BOUZET, 64, rue Huguenin, Bordeaux. — Vins, rhums, cognacs, liqueurs.

ROSSEL, Alfred, propriétaire, Galican, par Vauvert (Gard). — Vins de coupage.

ROUGÉ, Pauline (veuve), Moscou (Russie). — Eau-de-vie et liqueurs.

ROUSSELIER, propriétaire, Aimargues (Gard). — Vins et eaux-de-vie.

ROUSSET (veuve), 86, cours Lafayette, Lyon. — Boissons gazeuses, hydromel mousseux.

Variété de **Boissons gazeuses.** — Hydromel mousseux, petit Champagne et autres boissons. — DÉPOSÉ.

ROY, Gustave, château d'Issan, canton de Cantenac (Gironde). — Vin du Médoc.

SABATIER, GRANIER et Fils, Mauduel (Gard). — Vermouth.

SANGUINETTI, Jean-Félix, Bastia (Corse). — Vins du pays,

SAPIN et Comp., breveté s. g. d. g., Limoges (Haute-Vienne). — Cognacs et liqueurs.

SARGET DE LA FONTAINE (Baron), 5, cours de l'Intendance, Bordeaux. — Vins.

SAURIN, B., propriétaire, Archiac (Charente-Inférieure). — Cognac fine champagne.

SCALA, Giuseppe, négociant, Naples. — Vins italiens.

SCALA, Pasquale, 136, via Chiago Naples. — Vins.

SEILLAN, J., propriétaire, Créon (Landes). — Eau-de-vie Bas-Armagnac, vins rouges et blancs de Mirande.

Médaille d'argent, Paris 1860. Médaille d'or, Toulouse 1861. Médaille de bronze Exposition universelle, Paris 1867, etc., etc.

SÉNARD, Jules, Alox (Côte-d'Or). — Grands vins de Bourgogne.

SERVE Père et Fils, 82, rue de la Charité Lyon. — Liqueurs et vins.

SEZES Fils, Frères, propriétaires, Ludon, près Bordeaux. — Vins rouges de Ludon.

SIMONET-FÉBVRE, Châblis (Yonne). — Vins mousseux.

SINTEY, propriétaire, Château de la Charpas, Saint-Sulpice-Saint-Emilion. — Vins de Bordeaux.

SOCIÉTÉ DES EAUX DE CERISES, Zug (Suisse). — Kirsch.

SOCIÉTÉ DES CAVES DE LA TRANSYLVANIE, Pesth (Hongrie). — de Vins Hongrie.

SOCIÉTÉ ANONYME DES DISTILLERIES DE JONZAC (Charente-Inférieure). — Eau-de-vie de Cognac.

STÉNACKEERS, E., Jerez-de-la-Frontera (Espagne). — Vin d'Espagne.

TERREL DES CHÈNES E., Chènes par Villié-Morgon (Rhône). — Collection de vins du haut Beaujolais de 12 récoltes, depuis 1859.

TINLAND, Louis, Saint-Fortunat (Ardèche). — Vins rouges et blancs.

TOURRÈS-GAVAIX, Mezel (Puy-de-Dôme). — Vins d'Auvergne rouges et blancs.

TRUTET, Armand, Auxerre (Yonne). — Echantillons de vinaigres et de vins.

VEILLON, Georges, Martha, près Cognac. — Eaux-de-vie et cognac.

VERDONNET, Adrien (le comte de), château du Poncié, Fleurie (Rhône). — Echantillons de vins.

VERILHAC, Victor, propriétaire, Saint-Peray (Ardèche). — Vins de diverses qualités.

VIGNAL, P.-J., 28, rue Casteja, Bordeaux. — Vins blancs.

VILLA-POUCA (comte de), Porto. — Vins de Porto.

VINCENT, Marion, rue Basse, Peynier (Bouches-du-Rhône). — Vins rouges ordinaires.

VIOLA-BISIO et Comp., 45, rue Ospédale, Turin. — Vermouth de Turin.

VIOLET Frères, Chur, près Perpignan. — Vins divers.

VOGUÉ (comte de), Chambolle (Côte-d'Or). — Vins de Musigny et de Bonnes-Mares.

VUILETET, avocat, Lons-le-Saulnier (Jura). — Vins de Garde, dits vins jaunes de Château-Chalons.

YOUNGER, W. et Comp., 36, Belvedere Road Lambeth (Londres). —
   Bières blanches.

YOUNGER, W. et Comp., 36, Belvedere Road Lambeth (Londres). —
   Ale en bouteilles.

YVON, Amédée, et GABORIAU, Elie, Jarnac (Charente). — Eaux-de-
   vie de cognac, différents crûs et différents âges.

DENTISTES AMÉRICAINS

THOMSON & GUERNE, 32, rue de Lyon, à Lyon

La *Poudre saponacée* de HEMINGWAY est la seule qui ait obtenu la médaille à l'Exposition internationale des Ouvriers à Londres en 1870, la seule aussi qui soit garantie être de meilleure qualité et de meilleur marché que le savon solide. Elle est fabriquée pour la Blanchisserie royale.

Cette Poudre blanchit et nettoie mieux que le savon solide et deux fois plus vite, tout en coûtant moins cher que celui-ci. Elle est en usage journalier dans tous les ménages. Une fois que l'on s'en est servi, on ne saurait plus s'en passer.

Toute eau devient bonne pour le blanchissage lorsqu'on se sert de cette Poudre qui est, d'après le témoignage unanime de tous ceux qui s'en sont servis, supérieure à tous les savons connus, pour ses qualités nettoyantes et écurantes dans le blanchissage de toute espèce de manufactures. La **Poudre saponacée** sert à blanchir, sans les détériorer, les tissus les plus fins, à laver les Tapis, la Boiserie, la Peinture, etc.

La **Poudre saponacée** a été inventée par MM. S. HEMINGWAY et Cᵢₑ, en 1867. Tous les paquets portent l'adresse et la marque des inventeurs ; tous ceux qui n'en seraient pas pourvus sont déclarés contrefaits.

Dépot : **Trafalgar street, Bradford.**

~~~~~~~~~~

Manière de s'en servir. — Prendre une once ou une cuillerée de la Poudre par trois litres d'eau, l'infuser dans de l'eau bouillante, l'agiter jusqu'à ce qu'elle soit complètement dissoute, ajouter alors de l'eau froide ou chaude, selon le besoin, et s'en servir comme dans le blanchissage ordinaire. En laissant tremper le linge pendant quelques heures, on s'épargne bien de la peine.

Prendre la Poudre dans la même proportion pour laver les planchers, la peinture, etc. Se garder d'y mettre de la soude ; un peu de savon ordinaire, cependant, ne fait pas de mal.
~~~~~~~~~~